AF312725

1862. 12 Mai

DESSINS ANCIENS

DES MAÎTRES

ITALIENS — HOLLANDAIS — FLAMANDS
ESPAGNOLS & FRANÇAIS

(DU XVe AU XVIIIe SIÈCLE)

HOTEL DROUOT

Salle n° 3

VENTE : les Lundi 12 et Mardi 13 Mai 1862

EXPOSITION PUBLIQUE : le Dimanche 11 Mai.

De 1 heure à 5 heures

Me **DELBERGUE-CORMONT**, Commissaire-Priseur.
8, rue de Provence

M. BLAISOT, Expert, marchand d'estampes, rue de Rivoli, 178.

RENOU & MAULDE

IMPRIMEURS DE LA COMPAGNIE DES COMMISSAIRES-PRISEURS

Rue de Rivoli, n° 144.

DESSINS ANCIENS

DES MAÎTRES

ITALIENS — HOLLANDAIS — FLAMANDS
ESPAGNOLS & FRANÇAIS

(DU XVe AU XVIIIe SIÈCLE)

HOTEL DROUOT

Salle n° 3

VENTE : les Lundi 12 et Mardi 13 Mai 1862

EXPOSITION PUBLIQUE : le Dimanche 11 Mai.

De 1 heure à 5 heures

Me **DELBERGUE-CORMONT**, Commissaire-Priseur.
8, rue de Provence

M. BLAISOT, Expert, marchand d'estampes, rue de Rivoli, 178.

ORDRE DES VACATIONS

Première Vacation. — *Lundi 12 Mai 1862.*
Du n° 1 au n° 225.

Deuxième Vacation. — *Mardi 13 Mai 1862.*
Du n° 226 au n° 455.

EXPOSITION PUBLIQUE

Le Dimanche 11 Mai 1862, de 1 heure à 5 heures,
(SALLE N° 3.)

CONDITIONS DE LA VENTE

Elle sera faite au comptant.

Les Acquéreurs paieront, en sus des adjudications, CINQ POUR CENT, applicables aux frais.

Les lots pourront être divisés.

En appelant l'attention de MM. les Amateurs de Dessins sur la belle Collection que nous mettons en vente, nous devons leur signaler plusieurs pièces capitales qui méritent une mention spéciale par leur rareté et leur importance. Au nombre de ces pièces, on doit citer un **Perugin** (*L'Adoration des Mages*) décrit sous le n° 410 ; un **Raphaël Sanzio**, dessin exécuté pour son célèbre tableau du *Spasimo*, qui se trouve au Musée de Madrid ; un **Michel-Ange Buonarotti** (*Saint Bartholomé*), n° 170 ; un **Rembrandt** (*Le Malade du Samaritain*), sous le n° 404 ; un **Terburg** (*La Toilette*), n° 183 ; un **Berghem** (*Le Gué*), n° 190 ; un **Jordaens** (*Assomption de la Vierge*), à l'aquarelle, n° 174 ; un **Backhuysen**, n° 411 ; un **Albert Durer** (*Saint Hubert*), n° 417 ; un **Van Dyck** (*Saint Christophe*), n° 392 ; un **A. Van Ostade** (*Buveurs* *et Fumeurs*), n° 402 ; un **Béga** (*Joueurs de tric-trac*), à l'aquarelle, n° 180 ; un **A. Verrochio,** n° 173 ; un **Lantara,** Paysage, sous le n° 172, etc.

Ces remarquables Dessins proviennent de Collections célèbres. Il est de plus en plus difficile de s'en procurer de pareils, aussi engageons-nous MM. les Amateurs à profiter de l'occasion qui se présente d'enrichir leurs Cabinets de ces précieuses productions de grands Maîtres.

1ᵉʳ Mai 1862.

DÉSIGNATION

DES DESSINS

PREMIÈRE VACATION

1 **Mancini. Bon-Boullongne**, etc. Sujets divers.
Six dessins à la plume et au bistre.

2 **Mazzuoli. Chatillon**, etc. Croquis divers. Dix
dessins à la plume et au bistre.

3 **Crespi. Schopin. Verdier. Drouais**, etc. Sujets
divers. Six dessins.

4 **Metelli. Cambiaso. A. Diepenbeeke**, etc. Croquis divers. Dix dessins.

5 **Simon Vouet. Canova. Brenet**, etc. Croquis divers. Dix dessins.

6 **Subleyras. Carle Marate. Luca Fenni**, etc.
Croquis divers. Dix dessins.

7 **Passignano. Tiepolo. E. Rizzi. Wouwer-
maans**, etc. Croquis divers. Dix dessins.

8 **Ciro Ferri. Lotto** (Lorenzo). **S. Cantarini**, etc.
Croquis divers. Six dessins.

9 **Delarue. Parrocel. Wuyst. Blum. G. De
Crayer**, etc. Sujets divers. Six dessins.

10 **H. Roos. Jeaurat. Preisler. Tiepolo**, etc.
Cinq dessins.

11 **N. Berghem. Van der Meulen. Dietsch**, etc. Sujets divers. Cinq dessins.

12 **Martin de Vos. Hennequin. A. Brauwer. R. Lafage. Pocetti**, etc. Six dessins.

13 **Chardin. R. Mengs. Biscaïno. Empoli. Natoire**, etc. Sujets divers. Huit dessins.

14 **Lesueur. L. Cambioso. Pater. Menageot. S. Leclerc**, etc. Sujets divers. Six dessins.

15 **Caresme. Lanfranc. Fiori** (Le Baroche). **F. Zuccaro**, etc. Sujets divers. Cinq dessins.

16 **Solimène. Tempesta. G. Zaïs. Van Thulden**, etc. Sujets divers. Six dessins.

17 **J. Fyt. Chiari. Parrocel**, etc. Sujets divers. Cinq dessins.

18 **C. Vignon. R. Lafage. Boschaert. Subleyras**, etc. Sujets divers. Cinq dessins.

19 **F. Boucher. Cochin. J.-B. Huet**, etc. Sujets divers. Cinq dessins.

20 **J. Goerée. Onghers. Lejay. Hubert Robert**. Cinq dessins d'architecture.

21 **P. Van Bloemen. Duquesnoy. R. Mengs**. Trois dessins à la sanguine et au pastel.

22 **Chardin. Girodet. Diepenbeeke**. Six dessins

23 **Tempesta. Drouais. Fiori**, etc. Six dessins.

24 **Cantarini. Canuti. Darjou**, etc. Six dessins.

25 **J. Jordaens. G. Flinck**, etc. Quatre dessins.

26 **Chardin. Touzé**. Scènes des comédies de Molière. Croquis à la mine de plomb. Quatre dessins.

27 **S. De Vlieger**. Marine à l'encre de Chine.

28 **Carlo Dolci**. Tête de jeune fille. Joli dessin à la sanguine.

29 **A. Allegri** (*le Corrège*). Sainte-Famille. Dessin au bistre rehaussé de blanc. (*Collection R. Cosway.*)

30 **C. Dusart. Procaccini**. Deux dessins à la plume.

31 **Bonacorsi** (*Perino del Vaga*). Bas-relief antique.
Beau dessin à la plume et au bistre rehaussé de blanc.

32 **Denon** (le baron). La vendange. Joli dessin à la plume
et à la sépia. (*Collection Denon.*)

33 **Metzu**. Une femme endormie. Joli dessin à la mine de
plomb très-fin. (*Collection Dangeville.*)

34 **Ruthard**. Chasse au sanglier. Dessin à la plume.

35 **Trémolière**. Mars et Vénus. Dessin à la plume légèrement teinté.

36 **S. Bourdon**. Scène religieuse. Dessin à la plume, au
bistre et à l'encre de Chine.

37 **Castiglione** (Benedette). Sacrifice à Priape. Dessin à
la sanguine.

38 **Sneyders** (François). Étude de chiens. Beau dessin à
l'encre de Chine.

39 **Simonini**. La pêche. Dessin au bistre.

40 **C. Van Loo**. Mercure et Argus. Beau dessin à la sanguine.

41 **Mantegna**. Le Christ mort et les saintes femmes.
Beau et curieux dessin à la plume et au bistre. (*Collection Van den Zande.*)

42 **Sadeler**. Allégorie. Dessin à la plume et au bistre.

43 **J. Courtois** (*le Bourguignon*). Combat de cavalerie.
Beau dessin à la plume et à l'encre de Chine.

44 **Ferrari** (Gaudenzio). Études à la plume.

45 **Chardin**. La leçon de dessin. Joli croquis à la sanguine.

46 **Rubens**. Projet de mausolée. Croquis à la plume et à
la sanguine. (*Collection Van Gol.*)

47 **Salvator Rosa**. Dessin à la plume et au bistre.

48 **Salviati**. *Ecce Homo*. Dessin à la pierre noire (Croquis
du tableau du Maître qui est au Louvre).

49 **Van der Neer**. Paysage au clair de lune. Joli dessin
à l'encre de Chine, rehaussé de blanc sur papier bleu.

50 **Hennequin**. L'hyménée. Allégorie. Dessin à la plume, lavé d'encre de Chine. (*Collection Sylvestre.*)

51 **Van Hugtenburg**. Combat de cavalerie. Dessin à l'encre de Chine.

52 **Spranger**. Sainte Famille. Dessin à la plume et au bistre, rehaussé de blanc sur papier gris.

53 **J. Cesari**. Têtes d'enfants, à la pierre noire et à la sanguine.

54 **P. Breughel**. Scène champêtre. Dessin à la pierre noire.

55 **C. Van Mander**. Un homme et une femme regardant par une fenêtre. Dessin à la plume et au bistre.

56 **Carrache** (Augustin). Ornements. Joli dessin à la plume.

57 **Deheem** (David). Nature morte. Croquis à la pierre noire.

58 **Mallet**. La chaste Suzannne. Dessin à l'encre de Chine, rehaussé de blanc, sur papier teinté. (*Coll. A. Scheffer.*)

59 **Luca Giordano**. Le Jugement de Pâris. Croquis à la plume d'un tableau de la galerie du duc de Médina-Coeli.

60 **Punt**. Sujet biblique. Joli dessin à la plume, lavé de bistre et d'aquarelle.

61 **S. de Vlieger**. Marine. Dessin légèrement lavé.

62 **Van Everdingen**. Paysage. Vue de Norwège. Joli dessin à l'encre de Chine. (*Coll. Thibaudeau.*)

63 **A. Storck**. Entrée de port. Joli dessin à la plume, lavé d'encre de Chine.

64 **C. Gillot**. Singerie. Dessin à la plume et à l'encre.

65 **Van Coninxloo**. Vue de ville au bord de la mer. Dessin à la plume, lavé de bistre et d'indigo..

66 **Terhimpel**. Paysage. Dessin à l'encre de Chine.

67 **Ommeganck**. Une vache dans un pré. Dessin à l'encre de Chine.

68 **P. Puget**. Études à la pierre noire, d'après l'antique.

69 **Th. Wyck**. Vue d'une terrasse en Turquie. Joli croquis à la plume et au bistre.

70 **H. Fragonard**. Une jeune fille, cachée derrière un massif d'arbres, écoute un jeune homme qui chante en s'accompagnant sur la guitare. Joli dessin, d'une touche fine et spirituelle.

71 **Verkolie**. Enfants éclairés par une chandelle. Joli dessin à la plume, lavé d'encre de Chine.

72 **Saint-Non**. Femme nue. Joli dessin à la sépia.

73 **Ossenbeek**. Kermesse flamande. Dessin à la pierre noire.

74 **Zampieri** (*Le Dominiquin*). Un ange apparaît à des moines. Beau dessin à la plume et au bistre.

75 **H. Verschuuring**. Halte de cavaliers sous une grotte. Joli dessin à la plume et au bistre.

76 **Fialetti** (Élève du Tintoret). La Flagellation. Dessin à la plume, légèrement teinté de bistre.

77 **Schellings**. Paysage à l'encre de Chine.

78 **Luca Cambiaso** (*Le Cangiage*). Les trois Rois Mages. Dessin à la plume et en couleur.

79 **Sachtleven** (Herman). Paysage à la pierre noire, lavé de bistre.

80 **Craesbeeke**. Scène de cabaret. Dessin à la sanguine.

81 **Overbeek**. Paysage avec cascade. Dessin à la plume, lavé de bistre et rehaussé de blanc.

82 **Dunouy**. Paysage au pastel.

83 **Netscher** (Constantin). Portraits de femmes. Deux dessins.

84 **Tempesta**. Embarquement de soldats. Beau dessin à la plume et au bistre.

85 **Van Romyn**. Bœufs sous une grotte. Beau dessin à l'encre de Chine. (*Collection W. Esdaille.*)

86 **Gros** (le baron). Esquisse pour une prestation de serment devant l'empereur Napoléon Ier. Dessin à la plume et au bistre.

87 **Van Ostade** (Adrien). Études de paysage à l'encre de Chine et au brun rouge.

88 **Luca Giordano.** Composition pour une coupole d'église. Dessin à la plume et au bistre.

89 **Lemoine**. Latone. Beau dessin à la pierre noire. (*Collection Lempereur.*)

90 **Sarrazin**. Joli paysage à l'aquarelle.

91 **Diepenbeeke.** (Abraham Van). Processions. Deux dessins au bistre, rehaussés de blanc.

92 **J. Palma.** (le Vieux). Un Martyr. Beau dessin au bistre, rehaussé de blanc.

93 **Murillo** (Esteban). La Charité. Belle esquisse à la pierre noire et au bistre.

94 **Watteau**. Un homme portant un étendard. Dessin à la sanguine.

95 **Schootel**. Un Marché. Dessin à la plume.

96 **Mengs** (Raphaël). Amalthée nourrissant Jupiter avec du lait de chèvre. Gracieux dessin à la mine de plomb.

97 **Hobbema** (Mindert). Paysage au bistre. (*Collection Van Gol.*)

98 **Leprince**. Scène turque. Beau dessin à la plume et au bistre, rehaussé de blanc sur papier jaune.

99 **Ommeganck.** Moutons et béliers. Beau dessin au crayon noir, rehaussé de blanc sur papier gris.

100 **Parrocel**. Combat de cavalerie contre des piétons sous les remparts d'une ville. Dessin à l'encre de Chine.

101 **Both** (Jean). Paysage à l'encre de Chine.

102 **Delarue**. Halte de cavaliers. Dessin à la plume et au bistre.

103 **J. B. Weeninx**. Entrée de ville. Dessin à la sanguine.

104 **J. B. Greuze**. Un massacre. Belle esquisse à la pierre noire, lavée d'encre de Chine.

105 **Grimaldi** (Le Bolognèse). Paysage à la plume. (*Collection du comte de Fries.*)

106 **Holbein** (Jean). Jésus-Christ devant Pilate. Dessin curieux à la plume. (*Collection Mouriau.*)

107 **Jouvenet** (Jean). Descente de croix. Composition
pour le tableau du Louvre. Dessin à la pierre noire, rehaussé de blanc sur papier gris.

108 **Rademaker**. Charmant paysage à la plume et au
bistre.

109 **A. Johannot**. Manon Lescot et Desgrieux. Joli croquis
à l'encre de Chine.

110 **Salviati**. Sujet antique. Beau dessin à la plume, lavé
de bistre.

111 **Rubens**. Un fauconnier. Dessin à la pierre noire.

112 **Le Tintoret**. Un Martyr. Beau dessin à la plume, lavé
d'encre de Chine. (*Collections Mariette et Dupan.*)

113 **B. Peeters.** Marine. Dessin à la plume.

114 **J. Gildemeester**. Allégorie. Très-jolie aquarelle avec
texte explicatif en lettres d'or.

115 **J. Fyt**. Nature morte. Dessin à la plume.

116 **Van Ostade** (Adrien). Scène d'intérieur. Très-beau
dessin à la plume et à l'encre de Chine. (*Collection du
bourgmestre Jonas Witsen.*)

117 **Barbieri** (Le Guerchin). Paysage à la plume.

118 **Le Corrège** (*Allegri*). L'Assomption de la Vierge. Très-
beau dessin à la plume, lavé d'encre de Chine et de bistre.
(*Collection Schmidt.*)

119 **Tiepolo**. Le pape Urbain VIII à Saint-Pierre de Rome.
Beau dessin à la pierre noire.

120 **Decamps**. Un âne. Dessin à la mine de plomb.

121 **Guillemin** (d'après). Portrait-charge de M. C***. Dessin à la mine de plomb, rehaussé de blanc.

122 **Van der Cabel**. Paysage. Très-beau dessin à la plume
et au bistre, d'une grande vigueur.

123 **Vernet** (Carle). La Marchande de Coco. Dessin à la plume.

124 **Kneller**, élève de Rembrandt. Un avare examinant des pièces de monnaie. Joli dessin à l'encre de Chine. (*Collection Feuchère.*)

125 **Dujardin** (Karel). Mendiants. Joli dessin à la sanguine.

426 **Le Rosso**. Diane et Actéon. Beau dessin à la plume et au bistre. (*Collection Thibaudeau.*)

127 **Van Goyen**. Paysage à la pierre noire.

128 **Tisio** (*Le Garofalo*). Les disciples d'Emmaüs. Joli dessin à la plume et au bistre.

129 **Asselyn** (Jean). Vue aux environs de Rome. Joli dessin à l'encre de Chine.

130 **Gérard Dow**. Jeune fille faisant de la dentelle. Charmant dessin à la pierre noire, légèrement lavé d'encre de Chine. (*Collection Rysbrack.*)

131 **Schootel**. Marines. Deux dessins au crayon.

132 **De Lausne** (Stefanus). Une caravane. Joli dessin à la plume. (*Collection Vischer.*)

133 **Waterloo** (Antoine). Paysage à la sanguine.

134 **Raphaël Sanzio**. Judith mettant la tête d'Holopherne dans un sac tenu par sa suivante. Très-beau dessin au bistre, ayant souffert.

135 **Deheuss**. Vue de Rome. Beau dessin à l'encre de Chine.

136 **Rembrandt**. Dessin à la plume et au bistre.

137 **Claude Lorrain**. Paysage. Charmant dessin au bistre.

138 **Jordaens** (Jacques). Un autel orné de vases précieux, gardé par des soldats. — Beau dessin à l'aquarelle. (*Collection Villenave.*)

139. **Murillo** (Esteban). Moine expirant. Beau dessin au bistre, rehaussé de blanc. (*Collection Zanetti.*)

140 **Raffet**. L'inspection. Dessin à la mine de plomb.

141 **Ruysdael** (Jacques). Paysage. Très-beau dessin à la pierre noire.

142 **Restout**. Portrait de femme. Dessin fin et gracieux, aux crayons noir et blanc, sur papier bleu.

143 **Janssens** (Victor). Dessin du tableau du maître, qui se trouve dans l'église des Dominicains de Bruxelles.

144 **De Brackelaer**. Paysanne hollandaise. Aquarelle.

145 **Breughel** (Jean), *de Velours*. Place de Village. Dessin à la plume, lavé de bistre et d'indigo.

146 **Guerin** (Le baron). Scène antique. Beau dessin à la plume et au bistre.

147 **Molyn** (Pierre). Paysage. Dessin à la pierre noire.

148 **Casanova**. Passage de troupes. Très-beau dessin à la plume et au bistre.

149 **J. Palma** (le jeune). La Cène. Beau dessin au bistre.

150 **Rubens**. Paysage. Très-beau dessin à la sanguine.

151 **Tempesta**. Bataille. Beau dessin au bistre et à l'encre de Chine, rehaussé de blanc.

152 **Diaz**. Femme nue, couchée sous un buisson de roses. Charmant dessin aux trois crayons.

153 **Philippe de Champaigne**. Études de la tête du Christ, pour son tableau de *la Cène*. Dessin au crayon noir, rehaussé de blanc.

154 **Rembrandt**. Les frères de Joseph rapportant sa tunique ensanglantée à leur père. Beau dessin au bistre.

155 **Boucher** (François). Femme nue, vue de dos. Dessin à la pierre noire.

156 **Troost** (Corneille). Scène d'intérieur. Dessin à la sanguine.

157 **Testa** (Pietro). Adam et Ève au paradis terrestre. Dessin à la plume. *(Collection Revil.)*

158 **Van Goyen**. Paysage avec figures. Dessin à la pierre noire, lavé d'encre de Chine.

159 **Bloemaert** (Abraham). Assomption de la Vierge, Dessin à la plume, lavé d'aquarelle.

160 **Blyhof**. Scène de guerre civile. Dessin à la plume, lavé à l'encre de Chine.

161 **Van der Cabel**. Paysage. Beau dessin à la plume et à l'encre de Chine.

162 **Collaart**. Le priseur et le fumeur. Deux très-jolis dessins à la plume, sur parchemin.

163 **Van Huysum**. Paysage à la sanguine.

164 **Barbieri** (*Le Guerchin*). Paysage à la plume.

165 **De Wael**. Intérieur de ferme. Dessin à la plume.

166 **Amerighi** (Michel-Ange), dit *Le Caravage*. Un évêque. Dessin à la plume et au bistre.

167 **Rubens**. Sujet religieux. Dessin à la pierre noire, lavé d'encre de Chine.

168 **Rembrandt**. Croquis à la plume.

169 **Le Tintoret**. Études à la pierre noire, pour son tableau d'Hercule.

170 **Michel-Ange Buonarotti**. Tête de Bartholomé. Superbe dessin à la plume, provenant de la *Collection W. Y. Otley* ; il a coûté 32 livres sterling (800 fr.).

171 **Quellinus** (Erasme). Réception d'une confrérie de Moines, par un Pape. Très-beau dessin, à la plume, lavé à l'encre de Chine et rehaussé de blanc.

172 **Lantara**. Paysage avec cascade. Très-beau dessin à la pierre noire, rehaussé de blanc sur papier bleu.

173 **Verrochio** (André). Études et croquis divers à la plume, sur le *recto* et le *verso*. Dessin très-rare. (*Collection Woodburn*.) Il a coûté 6 livres sterling (150 fr.).

174 **Jordaens** (Jacques). Assomption de la Vierge. Dessin capital du maître, à l'aquarelle.

175 **Barbieri** (Le Guerchin). *Ecce homo*. Très-beau dessin à la plume et au bistre.

176 **Van Goyen**. Un marché. Dessin à la pierre noire, légèrement lavé d'encre de Chine.

177 **Palmerius**. Fuite en Égypte. Beau dessin à la plume.

178 **Puget** (Pierre). Un évêque. Projet pour une statue érigée dans la ville de Gênes. Beau dessin au bistre.

179 **Van Stry** (Jacques). Scène d'intérieur. Beau dessin à l'encre de Chine et au brun rouge.

180 **Béga** (Corneille). Joueurs de tric-trac. Très-beau dessin à l'aquarelle. *(Collection de M. Reiset.)*

181 **Stevens** (Palamèdes). Une noce flamande. Joli dessin à l'aquarelle.

182 **Rubens**. Hercule et le lion de Nemée. Beau dessin à la pierre d'Italie. *(Collection Hamal.)*

183 **Terburg** (Gérard). La toilette. Superbe dessin au bistre. *(Collections Ploos Van Amstel, Van Gol et Woodburn.)*

184 **Goltzius**. Persée et Andromède. Dessin à la plume, lavé d'indigo.

185 **A. Van Dyck**. Le Christ couronné d'épines. Très-beau dessin à la pierre noire et au bistre.

186 **P. Quast**. Scène de cabaret. Dessin au crayon, sur parchemin.

187 **R. Savery**. Paysage à la plume et à l'encre de Chine.

188 **Ruysdael** (J.). Paysage au crayon noir.

189 **Le Tintoret**. Études à la pierre noire, pour son tableau d'Hercule.

190 **N. Berghem**. Passage du gué. Superbe dessin au bistre, provenant de la collection du roi de Hollande.

191 **Rembrandt**. Beau dessin à la plume.

192 **Constantin**. Paysage. Beau dessin à l'encre de Chine.

193 **Van de Velde** (Guillaume). Marine. Dessin à l'encre de Chine.

194 **Backhuysen**. Marine. Dessin à l'encre de Chine.

195 **Leprince**. Bergers et Bergères. Charmant dessin à la plume, lavé de bistre.

196 **Hubert**. Paysage. A la sépia.

197 **Lucatelli** (André). Paysage. Beau dessin à la plume, lavé de bistre.

198 **Van Orley** (Richard). Jésus et la Samaritaine. Beau dessin à la plume et à l'encre de Chine.

199 **A. Storck**. Marine. A l'encre de Chine.

200 **Piranesi**. Vue de monuments. Beau dessin à la plume et au bistre.

201 **Fra Bartolomeo** (Il Frate). Des Moines adorant la Vierge et l'Enfant Jésus. Beau dessin à la sanguine. (*Collection Zanetti.*)

202 **Vernet** (Horace). Portraits aux crayons noir et blanc, sur papier gris. Deux dessins.

303 **Polydore de Caravage**. Un Baptême. Très-beau dessin à la plume et au bistre.

204 **Perignon**. Joli paysage à l'aquarelle.

205 **Veronèse** (Paul). Saints baisant les pieds et les mains du Christ. Beau dessin à la plume et au bistre, rehaussé de blanc.

206 **Van de Velde** (Adrien). Un Cheval attelé: Joli dessin à la sanguine. (*Collection Van Os.*)

207 **Vernet** (Carle). Caricature politique.

208 **Le Tintoret**. Joueurs de dés. Beau dessin au crayon noir et rehaussé de blanc. (*Collection Woodburn.*)

209 **Grandville** (Ignace). Le Conseil de Guerre. Caricature. Dessin curieux, à l'aquarelle.

210 **Van Goyen**. Marine. Joli dessin à la pierre noire.

211 **Karel Dujardin**. Campement. Très-joli dessin à la plume, lavé d'encre de Chine. (*Collection Bazot.*)

212 **Van Stry** (Jacques) Femme recurant un chaudron.

213 **Lesueur** (Eustache). Un Pape donnant sa bénédiction. Dessin à la pierre noire.

214 **Moucheron** (Isaac). Paysage à la sanguine.

215 **Sylvestre**. Projet de décoration de la place Dauphine, à Paris. Joli dessin à la sanguine.

216 **Greuze** (J.-B.). Les Saintes Femmes aux pieds du Christ. Dessin à la plume et au bistre.

217 **Poussin-Lavallée**. Les Trois Grâces. Joli dessin à la plume, légèrement lavé de bistre.

218 Garnerey (Hippolyte). Têtes d'études à la mine de plomb.

219 Swanevelt (Herman). Paysage. Charmant dessin à la plume, lavé à l'encre de Chine, provenant de la *Collection du prince Doria*. (Voir au verso.)

220 Mazzuoli (Le Parmesan). Cérémonie religieuse. Charmant dessin au bistre.

221 Zampieri (*Le Dominicain.*) Vision d'un moine. Beau dessin à la sanguine du tableau du maître situé dans l'église St-Isidore, à Rome. (*Collection du prince Doria.*)

222 Klots. Un campement. Dessin à l'encre de Chine.

223 Van Ostade (Adrien). Croquis au crayon.

224 Cano (Alonzo). Sainte Famille. Dessin à la plume, lavé de bistre et d'encre de Chine. (*Collection Salamanca.*)

225 Vernet (Joseph). Marine. Charmant dessin.

225 *bis.* **Mallet**. Tête de jeune fille. Joli dessin à l'encre de Chine, légèrement teinté de carmin.

225 *ter.* **Delarue.** Campement et Combat de cavalerie. Deux jolis dessins à la plume et au bistre.

— **Gennaro**. Nymphe nue couchée dans un bois. Joli dessin à la sanguine.

— **Fouquières**. Paysage mythologique. Beau dessin à l'encre de Chine.

— **Dévéria**. L'Invention de la gravure. Joli dessin à la sépia, rehaussé de blanc.

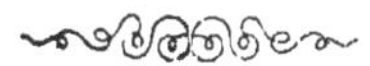

DEUXIÈME VACATION

226 Cinq Esquisses peintes à l'huile.

227 Fac-Simile de divers maîtres. Douze pièces.

228 Gravures diverses. Douze pièces.

229 **Greuze. Van Stry. Schidone. Waterloo,** etc.
Sujets divers. Dix dessins.

230 **Cresti** (Il Passignano). **L'Albane. Beccafumi,** etc.
Sujets divers. Huit dessins.

231 **Carrache. Girodet. Tanneur. J. Coignet,** etc.
Sujets divers. Huit dessins.

232 **Van Schupen. P. De Laar. Guérin. Le-
thière,** etc. Sujets divers. Huit dessins.

233 **Pérignon. Callet. Lallemand. Ph. de Champaigne. Rubens,** etc. Sujets divers. Six dessins.

234 **D. Teniers. Stradanus.** Deux dessins.

235 **David. Geirnaert.** Trois dessins.

236 **Goltzius. Hutin. Desprez. Lemoine. Jous-
selin.** Cinq dessins.

237 **Devosge. Rousselet. Soldini. Riedinger.
P. de Laar.** Sujets divers. Cinq dessins.

238 **Delarue. Mallet. Drevet.** Trois dessins.

239 **Fragonard. Sarrazin. G. de Crayer, Brandt.
H. Robert. Leprince.** Sujets divers. Six dessins.

240 **Andrea del Sarto. Rembrandt** (d'après). **Zuccaro. Lemoine.** Sujets divers. Quatre dessins.

241 **N. Poussin. Ottevaere. B. Franco. Lallemand. Le Rosso.** Sujets divers. Cinq dessins.

242 **Bandinelli. Procaccini. Velasquez. A. Carrache. P. Breughel.** Sujets divers. Cinq dessins.

243 **Sébastien Leclère. Nicolo del Abbate. Spranger. Van Dyck**. Sujets divers. Cinq dessins.

244 **Denon. Zuccaro. Le Bolognèse. Le Caravage. J. Courtois**, etc. Sujets divers. Six dessins.

245 **Despretz**. Tremblement de terre de Messine. Dessin à l'aquarelle. (La gravure par Coiny est jointe.)

246 **A. Waterloo**. Étude de paysage à l'aquarelle.

247 **J.-B. Huet. Cigoli**. Deux dessins.

248 **Michel Corneille**. Sujet allégorique. Joli dessin à la sanguine.

249 **C. Parrocel**. Cavaliers. Dessin à la sanguine.

250 **Saint-Aubin**. Tête de femme. Dessin au bistre.

251 **A. Carrache**. Les Évangélistes montant au ciel. Dessin à la plume et au bistre.

252 **S. de Vlieger**. Marine. Joli dessin à la plume et à l'encre de Chine.

253 **Murillo** (Esteban). L'Ascension. Dessin très-fin à la plume. (*Collection Hamal.*)

254 **Vidal**. La Quêteuse. Charmant dessin à l'aquarelle.

255 **N. Berghem**. Étude de paysage à la sanguine.

256 **Bernard Picart**. Allégorie. Joli dessin à la plume et à l'encre de Chine.

257 **A. Van Stry**. Paysanne assise. Dessin aux trois crayons.

258 **Meyer** (Mademoiselle). *Amorosine*. Charmant dessin au bistre, rehaussé de blanc. (La gravure est jointe.)

259 **Van Goyen**. Marine. Joli dessin à l'encre de Chine.

260 **Wille** (Jean-Georges). Portrait de jeune fille. Joli dessin aux crayons noir et rouge.

261 **Luca Cambiaso**. Dessin à la plume, lavé d'aquarelle.

262 **Mallet**. Jeune Fille allant au marché. Joli dessin à l'aquarelle. (*Collection A. Scheffer.*)

263 **Le Rosso**. Dessin à la plume et au bistre. (*Collection Mariette.*)

264 **Rembrandt** (Paul). Dessin à la plume et au bistre. (*Collection Van den Zande.*)

265 **De Witt** (Jacques). Cérémonie religieuse. Dessin à l'encre de Chine.

266 **P. Puget**. Tête de vieillard. Beau dessin à la sanguine.

267 **Fiori** (*le Baroche*). Portrait d'homme aux trois crayons.

268 **Th. Wyck**. Vue de Rome. Dessin au bistre.

269 **Van der Werf**. Adam et Ève. Croquis à la mine de plomb.

270 **Le Bernin**. Saints en prière. Dessin à la plume et au bistre.

271 **P. Breughel** (le Vieux). Vue de ville. Dessin à la plume.

272 **A. Waterloo**. Site au bord de la mer. Dessin à l'encre de Chine et au bistre.

273 **L. Carrache**. Paysage à la plume.

274 **Zampieri** (*le Dominiquin*). Une Femme et un Enfant. Dessin à la sanguine.

275 **C. Netscher**. Portraits de femme à l'encre de Chine. Deux dessins.

276 **Charlet**. Un Fermier à cheval. Dessin à la mine de plomb.

277 **Klots**. Vue de ville. Dessin au bistre.

278 **Smees** (Jean). Ruines du temple d'Hercule à Pouzzoles. Dessin à la plume, lavé de bistre.

279 **Boschi** (Fabrizio). Un homme à genoux. Dessin à la pierre noire.

280 **Brizio**. Débarquement de troupes. Dessin à la plume et au bistre.

281 **Campi** (Antonio). **Chimenti. Gault de St-Germain**. Trois dessins.

282 **Mola**. Croquis à la plume et au bistre.

283 **Roscelli**. Un Moine lisant. Dessin à la sanguine.

284 **Nicolle. Sadeler**. Deux dessins.

285 **Sneyers**. Croquis à la plume.

286 **Guignet** (Adrien). Arabes sur un rocher. Dessin à la plume, lavé d'aquarelle.

287 **Van der Ulft**. Vue de Venise. Dessin à la plume, lavé d'encre de Chine.

288 **Gillot** (Claude). Singeries. Trois dessins à l'aquarelle.

289 **Guerin. Cangiage**. Deux dessins.

290 **Huet**. Tête de renard. Dessin à la pierre noire.

291 **Mouchet**. Tête de femme. Dessin aux trois crayons.

292 **Lantara**. Paysage à la pierre noire.

293 **Pierre**. Deux femmes. Dessin aux crayons noir et blanc.

294 **Waterloo** (A.). Étude de paysage à la plume et au bistre.

295 **Françoys** (Lucas), de Malines. Projet de plafond. Dessin à l'aquarelle.

296 **Schellings** (Daniel). Paysage à la pierre noire.

297 **Martin de Vos**. Gloire d'anges. Dessin à la plume, lavé au bistre.

298 **Prud'hon**. Quatre têtes d'hommes à la pierre d'Italie.

299 **Van Noort**. Archers. Dessin aux crayons noir et rouge.

300 **Échard** (Charles). Tête de jeune fille. Dessin au crayon noir.

301 **Le Corrège** (*Allegri*). Un homme assis. Belle étude à la sanguine.

302 **L'Albane**. Mort d'un saint. Dessin à la plume, lavé d'encre de Chine.

303 **Chiari**. Une sainte distribuant des aumônes. Dessin à la plume.

304 **Van Goyen**. Marchands de poissons. Dessin au crayon noir, lavé d'encre de Chine.

305 **Champaigne** (Ph. de). Tête d'un des apôtres pour son tableau de la Cène. Dessin au crayon noir.

306 **Pierre**. Un homme nu. Dessin à la sanguine. (*Collection Lempereur.*)

307 **Bibiena** (Galli). Intérieur de palais. Dessin à la plume.

308 **Razzi** (le *Sodoma*). Tête de vieillard. Dessin à la pierre noire.

309 **Ricci** (S.). Massacre des Innocents. Dessin à la plume et au bistre. (*Collection Mouriau.*)

310 **Flamen** (A.). Paysages. Deux dessins à la plume.

311 **Delarue** (Louis). Espions conduits devant un général. Dessin à la plume et au bistre.

312 **Poussin** (Nicolas). Tête de Minerve. Dessin à la plume, légèrement lavé de bistre.

313 **Leroux** (Alexandre). Paysage. Dessin au crayon noir, rehaussé de blanc.

314 **Tencaten**. Paysage à l'encre de Chine.

315 **Steen** (J.). Portrait de l'artiste, Dessin à la sanguine.

316 **Crespi**. Un homme assis. Dessin à la pierre noire.

317 **Carrache** (A.). Caricatures à la plume et au bistre.

318 **Molyn** (le vieux). Marchands de poissons. Dessin à la pierre noire.

319 **Schelfhout**. Étude de paysage à la plume et au bistre.

320 **Van Acken**. Paysage à l'encre de Chine.

321 **Fragonard**. Étude de paysage à la sanguine.

322 **Hutin**. Adoration des anges. Dessin au bistre.

323 **Murillo**. Chérubins. Joli dessin au crayon noir, lavé de bistre. (*Collection Hamal.*)

324 **Rembrandt**. Tête de vieillard. Dessin à la plume.

325 **Lesueur**. Étude de saint Bruno. Dessin à la pierre noire.

326 **Netscher** (G.). Portrait de femme. Dessin à la pierre d'Italie.

327 **Hulswit**. Paysage au crayon noir, lavé d'encre de Chine

328 **De Boissieu**. Paysage avec cascade. Beau dessin à l'encre de Chine.

329 **Carrache** (A.). Carricatures. Dessin à la plume.

330 **Coxie** (Michel). Scène biblique. Dessin à la plume provenant des cartons de Crabeth.

331 **Guardi**. Dessin à la plume, lavé de bistre.

332 **Darjou**. Napoléon III passant une revue à Boulogne-sur-Mer, en 1856. Dessin à la mine de plomb.

333 **Storck**. Marine. Dessin à la plume et à l'encre de Chine.

334 **Le Titien**. Paysage à la plume.

335 **Bonnington**. Marine à la sépia.

336 **Fragonard**. Sujet champêtre. Dessin à la sanguine.

337 **Salvator Rosa**. La Chasse aux canards. Dessin au bistre.

338 **Van der Ulft**. Vues de monuments. Deux dessins.

339 **Berghem** (N.) Croquis à la pierre noire.

340 **Van de Velde** (Guillaume). Marine. Dessin à l'encre de Chine.

341 **Vernet** (J.). Un Chasseur. Dessin à la sanguine.

342 **Lairesse** (G.). Croquis à la plume. (*Collection du comte de Fries.*)

343 **Rubens**. Tête de satyre pour son tableau de *la Félicité de la Régence*, au Louvre. Dessin à la pierre d'Italie, rehaussé de blanc.

344 **De Boissieu**. Paysages. Deux dessins.

345 **Van Dyck**. La Vierge et l'Enfant Jésus. Charmante esquisse à la sanguine, rehaussée de blanc.

346 **Genoels**. Paysage. Dessin à la plume.

347 **Bonnington**. Marine à la sépia.

348 **Carrache** (A.). Caricature à la plume et au bistre.

349 **Overlaet**. Portrait de la femme de Rubens. Dessin à la plume d'une grande netteté.

350 **Nanteuil** (Robert). Portrait à la pierre noire, lavé d'encre de Chine.

351 **Van Drielst**. Paysage avec animaux. Dessin à l'encre de Chine.

352 **Goltzius** (Henri). Un cavalier. Dessin à la plume et à l'encre de Chine. (*Collection de lord Arundel.*)

353 **Van Goyen**. Marine à la plume et au bistre.

354 **Honthorst** (G.). Une Exécution. Dessin au bistre et à l'encre de Chine.

355 **Mellan** (Claude). Portrait de *Fabricius de Peirese, senator Aquensis*. Dessin à la plume.

356 **Klots**. Vues de Bruxelles et de Louvain. Dessins à la plume, lavés d'encre de Chine.

357 **Backhuysen**. Marine. Dessin à l'encre de Chine.

358 **Luycken**. Tentation. Dessin à la plume et à l'encre de Chine.

359 **Vickenbooms** (D.). Allégorie. Dessin à la plume.

360 **Waterloo**. Paysage à l'encre de Chine.

361 **Drouais**. Sujet antique. Très-beau dessin à la pierre noire, teinté d'encre de Chine.

362 **Coxie** (Michel). Dessin allégorique à la plume.

363 **Van Dyck** (Antoine). Assomption de la Vierge. Dessin à la pierre noire.

364 **Béga** (Corneille). Un Homme debout. Dessin à la pierre noire sur papier bleu.

365 **Fragonard** (Honoré). Paysage. Beau dessin à la pierre noire, lavé d'encre de Chine.

366 **Gillot** (Claude). Scène carnavalesque. Dessin à la plume lavé. (*Collections du comte de Fries et du marquis de Lagoy.*)

367 **Hondekoeter**. Oiseaux. Joli dessin à la plume et au bistre.

368 **Lucas de Leyde**. Étude de têtes à la plume. Dessin très-fin. (*Collection Donadieu.*)

369 **Van Heemskerke** (Martin). Sujet mythologique. Dessin à la plume.

370 **Albert Durer**. Une Négresse à genoux. Dessin à la plume.

371 **Backhuysen**. Marine. Dessin à l'encre de Chine.

372 **Hobbema**. Étude de paysage. Dessin à l'encre de
Chine.

373 **De Boissieu**. Tête de Vieillard à la sanguine.

374 **Van Orley** (Bernard). Combat d'un lion et d'un tigre
dans une forêt. Beau dessin à la plume, lavé d'encre de
Chine. (*Collections J. Thaine, Th. Lawrence et Woodburn.*)

375 **Goltzius** (Henri). Vénus et Adonis. Très-joli dessin
à la plume et à l'encre de Chine.

376 **Van Uden** (Lucas). Paysage à la plume, lavé de bistre
et d'encre de Chine.

377 **Hennequin**. Scène d'inondation. Dessin capital à la
plume et à l'encre de Chine.

378 **Cuyp** (Albert). Vue de ville au bord de la mer. Dessin
au crayon et à l'aquarelle. (*Collection de M. Reiset.*)

379 **Langendyck**. Un Embarquement. Très-beau dessin
à la plume et à l'encre de Chine. (Ce dessin a été gravé.)

380 **Santi di Tito**. La Trinité. Beau et curieux dessin à
la plume et au bistre.

381 **Troost** (Corneille). Intérieur de forêt. Très-beau dessin,
signé.

382 **J. De Wit**. Enfants trouvant un serpent dans leur
berceau. Concert d'enfants. Deux dessins à la plume,
lavés et rehaussés de blanc.

383 **Thomas Wyck**. Intérieur de ferme. Dessin à l'encre
de Chine. (*Collection Ph. H. Landskring.*)

384 **Amerighi** (Michel-Ange) de Caravage. Étude d'homme
nu. Dessin au crayon noir. (*Collection Willenave.*)

385 **Della Bella** (Stefanus). Croquis divers à la plume.
(*Collection Th. Dimsdale.*)

386 **Le Bernin**. Vue d'un palais. Dessin à la plume et au
bistre.

387 **Cantarini** (Simon). Apparition de la Vierge à un saint.
Dessin à la sanguine. (*Collection Ch. Rogers.*)

388 **Canaletti**. Vue du Ponte Roto à Rome. Dessin à la plume, au bistre et à l'indigo.

389 **Ciro Ferri**. Bataille. Dessin à la pierre noire. (*Collection du comte de Gondt.*)

390 **Van Hughtenburg**. Bataille de cavalerie. Joli dessin à l'encre de Chine.

391 **Salviati**. Un Évêque lisant dans son cabinet. Dessin à la plume et au bistre. (*Collection Van Os.*)

392 **Van Dyck**. Saint Christophe. Dessin capital au bistre.

393 **De Boissieu**. Ruines. Très-beau dessin à l'encre de Chine.

394 **Michel Carré**. Troupeau de moutons dans un pré. Dessin à l'encre de Chine et au bistre.

395 **Zorritz**. Sujet biblique. Dessin à la plume. (*Collection Th. Lawrence et Van Gottlob de Dresde.*)

396 **Zeeman** (Regnier). Marine. Dessin au bistre.

397 **Zorg** (Henri). Une Bohémienne, Dessin à la plume et à l'encre de Chine.

398 **Salvator Rosa**. Combat de gladiateurs. Beau dessin à la plume et au bistre. (*Collection Robert Udney.*)

399 **Van Dyck**. Christ en croix. Dessin à la pierre noire, rehaussé de blanc. (*Collection J. Reynolds.* Voir au verso.)

400 **Van Drielst**. Paysage à l'encre de Chine.

401 **Van Os** (Jean). Vase de fleurs. Charmant dessin à l'encre de Chine.

402 **Van Ostade** (Adrien). Buveurs et Fumeurs. Dessin à la plume et au bistre. (*Collection du comte de Fries.*)

403 **Rademaker**. Paysage à la plume et à l'encre de Chine. (*Collection Woodburn.*)

404 **Rembrandt**. Le Malade du Samaritain visité par les médecins. Beau dessin à la plume et au bistre. (*Collection Utterson.*)

405 **Karel Dujardin**. Paysage avec animaux. Très-beau dessin à la plume et au bistre. (*Collection Zanetti.*)

405 **Vickenbooms**. Paysage avec chasse. Dessin à la plume, lavé de bistre et d'indigo.

407 **Jules Romain**. Combat des Amazones. Beau dessin à la plume et au bistre.

408 **Raphaël Sanzio**. Étude à la sanguine pour son célèbre tableau du *Spasimo* qui est au Musée de Madrid. (*Collections P. Lely et Woodburn.*) Ce dessin a coûté 50 livres sterling (1,250 fr.)

409 **Tempesta**. Bataille. Dessin à la plume et au bistre. (*Collection du comte de Gondt.*)

410 **Le Pérugin**. Adoration des Mages. Dessin fait pour son fameux tableau situé dans l'église St-Pierre à Pérugia. Un des dessins les plus importants du maître. (*Collections Richardson et J. Reynolds.*)

411 **Backhuysen**. Marine. Réception de Marie de Médicis à Amsterdam. Très-beau dessin à la plume et à l'encre de Chine.

412 **Hubert**. Paysage. Intérieur de forêt. Beau dessin à la sépia.

413 **Schiavone**. Entrevue de deux souverains. Dessin à la sanguine, lavé au brun rouge. (*Collections lord Spencer et W. Ottley.*)

414 **Van Dyck**. Saint Sébastien. Beau dessin à la sanguine.

415 **Van Orley** (Bernard). Une Chasse. Beau dessin à la plume et à l'encre de Chine, rehaussé de blanc. (*Collections Th. Lawrence et Woodburn.*)

416 **Zuccarelli**. Paysage. Beau dessin à la plume, lavé de bistre et de blanc. (*Collection Th. Dimsdale.*)

417 **Albert Durer**. Saint Hubert. Très-beau dessin à la plume. Ce dessin, d'une dimension plus grande que la gravure, en diffère par plusieurs points et notamment par les fonds.

418 **Savery** (Roland). Paysage à l'entrée d'une ville. Joli dessin à l'encre de Chine.

419 **Van Battem**. Jésus et la Samaritaine. Joli dessin à la gouache. (*Collection Th. Dimsdale.*)

420 **Ingerslma**. Marine, au bistre.

421 **Van Dyck**. Hérodiade. Dessin à la pierre noire.

422 **Koekoek**. Paysage à la plume et à l'encre de Chine.

423 **Géricault**. Scène militaire de la retraite de Russie. Beau dessin à la sépia.

424 **Kobel** (Jean). Des Pêcheurs. Beau dessin à l'encre de Chine.

425 **Van Balen**. Scène de famille. Charmant dessin à l'encre de Chine. (*Collection Van den Zande.*)

426 **Quellinus** (Érasme). Dessin historique à la plume et au bistre.

427 **Franco** (Batista). Christ en croix. Beau dessin à la plume. *(Collections du roi Charles Ier , J. Reynolds, Richardson, N.-H. Th. Lawrence, Van Gottlob et Woodburn.)*

428 **Sguazella**. Un Guerrier endormi. Beau dessin à la plume et au bistre. (*Collection Ant. Westcombe.*)

429 **Diamantini**. Hercule et Omphale. Dessin à la plume et au bistre. (*Collection H. Chatelain.*)

430 **P. Breughel**. Tentation de saint Antoine. Dessin à la plume, lavé de bistre. (Le tableau est au Musée de Vienne.)

431 **P. Molyn**. Paysage. Dessin à la pierre noire et à l'encre de Chine. (*Collections Th. Lawrence et Woodburn.*)

432 **Maganza**. Le Christ mort aux pieds des Saintes Femmes. Dessin à la plume et à la sanguine, lavé de bistre.

433 **P. Brebiette**. Dessin à la plume et à l'encre de Chine.

434 **Polydore de Caravage**. Études de statues antiques, à la plume. (*Collection R. Dumesnil.*)

435 **Ricciarelli** (Daniel) *de Volterre*. Tête d'Empereur romain à la pierre noire.

436 **Peruzzi** (Balthazar). Vénus servie par les Grâces. Dessin à la plume. (*Collection Ruthiel.*)

437 **Puligo** (Dominique). Sainte Famille. Dessin au bistre.

438 **Torre** (Flaminio). Apparition de la Vierge à saint Marc. Dessin à la sanguine.

439 **P. Molyn**. Paysage à la pierre noire et à l'encre de Chine.

440 **J. Miel**. Bergers. Dessin à la pierre noire rehaussé de blanc. (*Collection Mariette.*)

441 **Van Thulden**. Allégorie. Joli dessin à l'encre de Chine.

442 **Demarne**. Paysage au bord de l'eau. Joli dessin à l'encre de Chine.

443 **Gérard Dow**. Portrait de femme. Charmant dessin à la sanguine.

444 **Wagner**. Paysage au bistre.

445 **Diepenbeeke**. La Vierge, l'Ange Gabriel et saint François d'Assise. Trois dessins à la plume et à l'encre de Chine, rehaussé de blanc.

446 **Wille**. Paysage à la plume.

447 **Rogman**. Paysage. Dessin au crayon.

448 **Ziem**. Une rue de Venise. Dessin à la sanguine.

449 **D. Creti. Moreau**. Deux dessins.

450 **Gennaro. Fra Bartolomeo**. Deux dessins.

451 **Clérisseau. Rombouts**. Deux dessins.

452 **Canuti. Sylvestre**. Deux dessins.

453 **Cignani. Vierix. G. Neyss**. Trois dessins.

454 **Ribera**. Saint Antoine de Padoue. Dessin à la plume.

455 **Karel Dujardin**. Animaux à la sanguine.

Renou et Maulde, imprimeurs de la Compagnie des Commissaires-Priseurs, rue de Rivoli, 144.   11735